novum pocket

F.A. Fruet

Als wäre es ein Traum

novum pocket

Bibliografische Information
der Deutschen Nationalbibliothek:

Die Deutsche Nationalbibliothek
verzeichnet diese Publikation in der
Deutschen Nationalbibliografie.
Detaillierte bibliografische Daten
sind im Internet über
http://www.d-nb.de abrufbar.

Alle Rechte der Verbreitung, auch
durch Film, Funk und Fernsehen, fotomechanische Wiedergabe, Tonträger, elektronische
Datenträger und auszugsweisen
Nachdruck, sind vorbehalten.

Gedruckt in der Europäischen Union
auf umweltfreundlichem, chlor- und
säurefrei gebleichtem Papier.

© 2022 novum Verlag

ISBN 978-3-903382-60-2
Lektorat: Laura Oberdorfer
Umschlagfoto:
Flynt | Dreamstime.com
Umschlaggestaltung, Layout & Satz:
novum Verlag

www.novumverlag.com

Das Leben ist gar nicht so.
Es ist ganz anders.
Kurt Tucholsky

Für

Léon, Yara, Nino und Ben

Im Licht des Mondes, das den Vorplatz des alten Hauses zur Bühne erhellt, steht Lovis mit Angelrute und bauchig umgehängter Leinentasche.

Darin verstaut ist eine alte Teebüchse, in der ineinander verschlungene Würmer darauf warten, als Köder aufgespießt und ins Wasser geworfen zu werden. Es ist nichts Außergewöhnliches, dass Lovis unverhofft mitten in der Nacht bei mir auftaucht und wir dann bis in die frühen Morgenstunden einer schlafraubenden Idee nachjagen. In dieser Nacht wurde er getrieben fischen zu gehen.

Wie Diebe schleichen wir aus dem verräterischen Licht und verlieren uns schnell im Dunkel der Nacht.

Am Ufer des Sees, der wie ein riesiger Wal dunkel vor uns liegt, entzünden wir mit flink zusammengetragenen Stecken ein Feuer, um mit den sich im nahen Wasser spiegelnden Flammen Fische anzulocken.

Besonders in klaren Nächten, wenn Elritzen die spiegelglatte Wasseroberfläche kräuseln und Wolken vom Mondlicht angeleuchtet in der Ferne mit den Sommerwinden reiten, ist es fängig. Nur das Schleifen der Schnur, die aalglatt von der Rolle zischt, durchschneidet messerscharf die einsame Stille. Manchmal fühle ich ein leises Zittern, wenn der Nachtwind sie flüchtig vor sich her übers Wasser treibt. Bis ein leises Zupfen all meine Sinne schärft und mich aufmerksam nach der Ursache in den See hinausforschen lässt. Mit einem Ruck ziehe ich einen wild um seine Freiheit kämpfenden Fisch an die Wasseroberfläche. Ans Ufer gezogen, löse ich den zu kleinen Zappler vom Haken und lasse ihn zurück ins Wasser gleiten, wo er mit ein paar Schwanzschlägen wieder in seinem Element verschwunden ist.

Noch bevor wir schwarze von weißen Fäden hätten unterscheiden können, beginnt es zu regnen. Zuerst nur wenige Tropfen, dann prasselt ein warmer Sommerregen auf uns nieder. Als wir die noch glühenden Stecken im hohen Bogen wie Feuerwerkskörper weit in den See hinauswerfen, wo sie gurgelnd und zischend versinken, entzündet die aufgehende Sonne den Horizont sanft in Orange und Rot. Durchnässt schleiche ich wie eine Katze vorsichtig die Treppe hinauf. Es riecht nach altem Holz und Bohnerwachs. Sie ist ein verhängnisvolles Machwerk, das mich mit gierenden Stufen schon so oft verraten hat. Auf dem obersten Tritt angekommen, stoppt mich Vaters raue, verschlafene Stimme durch das Fenster zum Treppenhaus. „Hast du die Türe geschlossen?" „Ertappt", murmle ich in mich hinein. „Schläft der nie?"

Ein Badezimmer gibt es nicht. In einer Ecke versteckt, hinter einem blau-weiß gestreiften

Plastikvorhang steht eine Badewanne. Ein quer darüber gelegtes Brett dient auch als Ablage für einen Vogelkäfig. Immer wenn ein Kanarienvogel, Mutter nannte sie alle Hansi, tot am Boden lag, wurde Hansi eins, zwei oder drei in Zeitungspapier eingewickelt und in den Schlund des gefräßigen Ofens geworfen. Dieser Ofen hat sich unauslöschlich in meinen Erinnerungen eingebrannt. Wenn Vater mit dem Finger über den Ruß strich, der sich auf der Ofentür abgesetzt hatte und mich, mit wenigen Strichen übers Gesicht, in Knecht Ruprecht verwandelte.

In schwarzer Kutte und kratzendem Bart musste ich dann in fremden Stuben neben ihm, der als Nikolaus verkleidet war, meine kleine Statistenrolle spielen.

Punktspots an den Treppen strahlen wie Scheinwerfer von Flakgeschütze in den Raum, als wollten sie nach Kampffliegern Ausschau halten, die jederzeit aus dem Dunkel Maschinengewehrsalven abfeuernd herunterstürzen konnten.

Zu spät dränge ich mich immer wieder entschuldigend durch die Sitzreihen an meinen zugewiesenen Platz. Ein junger Mann, der sich abends noch etwas dazu verdient, leuchtet mit einer kleinen Taschenlampe zum noch freien Platz. Wie ein Schuldiger, der die Ordnung stört, zwänge ich mich durch genervte, Popcorn essende Kinobesucher.

Lichtbündel bohren sich durch das Dunkel und strahlen flackernd über die Sitzreihen auf die Leinwand. Eine junge Frau tastet durch einen diffus beleuchteten Gang. Am Ende hinter einer geschlossenen Tür scheint im

Verborgenen lauernd etwas auf sie zu warten. Vorsichtig, tastet sie entlang der endlos scheinenden Wand ihrem Unglück entgegen. Ihr Brustkorb hebt und senkt sich. Ihr Atem wird kürzer. Doch die Macht der Neugier hatte schon längst das Zepter übernommen. Wie eine Maus vor der Schlange sitze ich bewegungslos, tief versunken im rot gepolsterten Sitz und wage nicht, mich zu bewegen. Es ist einer jener Momente, in denen man weiß, dass gleich etwas Schreckliches passiert, es nicht sehen will und doch wie hypnotisiert hinstarrt und nicht wegschauen kann. Vorsichtig, alle Sinne geschärft, nähert sie sich der Tür. Ihre Fingerspitzen berühren die Türklinke, jederzeit bereit zurückzuweichen. Bewusst mit etwas konfrontiert zu werden, von dem sie keine Vorstellung hat, bleibt sie regungslos stehen und wagt kaum zu atmen. Ein Frösteln kriecht mir eisig über den Rücken. Pulsschläge hämmern an meine Schläfen. Die grellrot leuchtenden Lichter über den Notausgängen tun ihr Übriges, um einer Flucht Tür und Tor zu öffnen. Zögernd berührt sie die Klinke. Dann knallt die Türe auf und ein schauriges Raunen wirft die Frau zurück in den Gang.

Froh, dem Film entflohen zu sein, hetze ich keuchend, ohne anzuhalten, unter knorrigen, alten Bäumen, die als Versteck meine Ängste hüten.

Bis monumental wie ein Eisberg des Lichts der Bahnhof vor mir auftaucht. Ich stürze über Stufen die Treppen hinunter ins Labyrinth der Gänge. Haste über Rolltreppen hinauf zum Bahnsteig, wo wie ein riesiger stählerner Wurm der Zug auf mich zu warten scheint. Kaum eingestiegen, schiebt er sich langsam unter einer gläsernen Bedachung hinaus in die Nacht.

Auf dem Bahnsteig verschwinden Menschen als flüchtige Silhouetten so schnell wie wahrgenommen. Mein Gesicht spiegelt sich gespenstisch im Fenster, durch das die Lichter der vorüberziehenden Häuser schmieren. Im Rhythmus der auf die Eisenstränge schlagenden Räder versinke ich in den vorbeiziehenden Straßenschluchten und tauche ein in einen hypnotisierenden Halbschlaf. Ich fliege über Häuser. Alles dreht sich schnell immer schneller und verliert sich in Zeit und Raum.

Jahre später fingert Lovis aus einem Päckchen eine Zigarette und steckt sie sich in den Mund, ohne sie jedoch anzuzünden. „Sie haben mir verboten zu rauchen." Dabei hält er sich ein Taschentuch vors Gesicht und versucht, einen Hustenanfall zu unterdrücken. Verlegen nimmt er das rotfleckige Taschentuch vom Mund und faltet es zusammen, als wollte er ein Geheimnis vor mir verbergen und lässt es in seiner Jackentasche verschwinden. „Warum hast du getrunken?" „Ich würde gerne fischen gehen", versucht er von der Frage abzulenken. Er weiß, dass es für mich wichtig ist, es zu wissen. „Weil sich die Gelegenheit dazu bot und um zu vergessen. Weißt du, der Alkohol macht die Weisen zu Narren und Narren zu Weisen. Und wem der Teufel im Nacken hockt und ins Ohr flüstert „Trink, trink", der hat ihm seine Seele schon

längst verkauft. Und der Teufel verhandelt nicht." Dann, als könnte er meine Gedanken lesen. „Ich habe keine Angst vor dem Sterben." „Weil du weißt, dass es nicht das Ende ist?" „Nein, weil ich das nicht weiß."
Mit einem Schmunzeln, das ihm übers Gesicht huscht, sinniert er weiter.
„Es ist einfacher zu glauben, dass alles ein Zufall ist und wenn es vorbei ist, ist es vorbei. Ich, du, wir alle werden gehen. Die Sonne wird erlöschen und die Erde verschwindet. Alles ist vergänglich und letztlich nicht wichtig. Was denkst du? Träumen wir ein Schmetterling zu sein oder sind wir ein Schmetterling, der träumt, er sei ein Mensch?" Dabei schaut er mich nachdenklich an, ohne jedoch eine Antwort zu erwarten.
„Weißt du, dass die Erde sich mit einer Geschwindigkeit von 1670 Kilometern in der Stunde um die eigene Achse dreht? Und ich kann nichts dagegen tun und das macht mich nervös. Es geht alles so schnell." Dabei

streift er sich das Taschentuch wieder über den Mund, um die blutige Spucke wegzuwischen. Er schaut mich dabei verlegen an, als wollte er sich entschuldigen.

„Sie sagen, es geht nicht mehr lange. Weißt du, wir glauben unser Leben bestimmen zu können. Das ist ein Irrtum.

Alles ist ein großes Ganzes und Teil eines gewaltigen Mosaiks. Es geschieht einfach. Es gibt keine Antworten. Es ist ein langes Suchen und Wandern und wer nicht sucht, der hat keine Probleme. Es entsteht nie etwas aus dem Nichts, weder Anfang noch Ende. Die Natur experimentiert mit dem Bewährten, dem Vorhandenen." Dann verlieren sich seine Gedanken in den Bäumen des Parks vor dem Spital. Er glaubt in den Ästen einer alten Akazie galoppierende Pferde zu sehen. Geduldig versucht er mir zu erklären, wie ich schauen muss, damit ich sie auch sehen kann. Dann spricht er ruhig weiter: „Was glaubst du? Wenn das Leben nur ein Traum ist und wir im Moment des Todes aufwachen?" Nach einer schier endlos scheinenden Pause sieht er mich hilfesuchend an, als könnte ich für ihn der Zeit etwas abverlangen.

„Wenn ich sterbe, bleibst du zurück und träumst dein Leben weiter und wenn du dann auch stirbst, warte ich in der anderen, realen Welt auf dich." Ich wusste nichts zu antworten. Doch der Gedanke daran war schön.

„Weißt du, das Leben ist eine Erfahrung, die uns nur ungern sterben lässt.

Für das Herz ist es einfach. Es schlägt, solange es kann. Und schon bevor man tot ist, hört man auf zu leben. Man ist nur noch eine Kopie der Realität. Aber du hast noch Zeit, bis du in diesen Abgrund starren musst." Dann fingert er wieder zittrig eine Zigarette aus dem Päckchen, das vor ihm auf dem Tischchen liegt. Hustend und tief atmend keucht er weiter: „Es kommt der Punkt im Leben, da müssen wir aufhören, uns vorzumachen, dass es so verläuft, wie wir es uns gewünscht haben. Dann müssen wir die Dinge so sehen, wie sie sind und wenn alles vorbei ist und die Seele dabei Applaus klatscht, dann war nicht alles umsonst."

Tage später klingelt das Telefon. Eine Stimme sagt verhalten: „Lovis ist gestorben." Es ist, als hätte die Zeit den Atem angehalten und darauf gewartet. Ohne zu antworten, lege ich das Telefon beiseite. Es war ja nichts Außergewöhnliches, dass Lovis mitten in der Nacht auftauchte und wir dann bis in die frühen Morgenstunden einer schlafraubenden Idee nachjagten.

Kein Mensch ist um diese Zeit auf den Straßen. Nur da und dort ein vorbeifahrendes Auto. Als der Pförtner mich durch die Drehtür des Spitals kommen sieht, schaut er kurz auf. Er weiß, was es bedeutet, wenn jemand zu dieser frühen Stunde hier auftaucht. Gefangen in Gedanken und im bedrückend engen Raum des Liftes scheint die Fahrt bis zur obersten Etage endlos. Wie geht man entlang eines nie enden wollenden Gangs, wenn man weiß, dass man nicht erwartet wird? Leise stoße ich die Tür zum Zimmer auf. Lovis liegt auf dem Bett. Nur ein kleines zusammengerolltes Frotteetuch unter seinem Kinn lässt erkennen, dass er diese Hilfe noch beanspruchte. Ich berühre seinen Arm, spüre noch die Wärme in seinem Körper. Das Leben in ihm hat kapituliert und sich unwiderruflich dem Zerfall überlassen. Der Augenblick hat ihn von der Zeit befreit. Ich weiß nicht, wie lange ich hier sitze. Irgendwann öffne ich die Türe zum Balkon. Ein Stuhl, ein kleines, dreibeiniges Tischchen, ein Aschenbecher voll mit Zigarettenstummeln. Daneben ein fein säuberlich zusammengefaltetes, rotfleckiges Taschentuch.

Der Morgen beginnt schon zu Dämmern, als Spatzen wie aus dem Nichts heranfliegen und in sicherem Abstand auf dem Geländer hin und her hüpfen. Die kleinen Vögel hatten sich daran gewöhnt, jeden Morgen mit Brotkrumen gefüttert zu werden. Eine Weile bleiben sie erwartungsvoll sitzen. Sie merken aber schnell, dass heute nichts zu holen ist und fliegen weg.

Es riecht nach billigem Rasierwasser und Desinfektionsmittel als zwei, in Schwarz gekleidete Männer das Zimmer betreten. Sie erinnern mich an Gottesanbeterinnen. Mit einstudiert respektvoll verneigten Häuptern und gefalteten Händen stehen sie diskret bereit, ihre Arbeit zu tun. Wenn ein Leben den Körper verlassen hat, gehört es im selben Augenblick zum Tod und ist nur noch ein Gegenstand. Eine Sache, die entsorgt werden muss.

Sie werden Lovis unter einem weißen Tuch verborgen durch einsame Gänge schieben und in einem separaten Lift in Erdnähe bringen.

Den Tod bringt man immer in Erdnähe. Dort wird er hingebracht und aufbewahrt. Es gibt keine Bestattungsämter in oberen Etagen eines Gebäudes. Alles spielt sich in Erdnähe ab. Später wird Lovis in einem Auto mit abgedunkelten Scheiben zum Friedhof gefahren, wo ihn das gleiche Schicksal erwartet wie Mutters Kanarienvögel.

Beim Verlassen des Spitals schaue ich hinauf in die Baumkronen. Vielleicht kann ich die galoppierenden Pferde von hier auch sehen. Ein schöner Morgen, nur da und dort weiße Wolkenfetzen im unendlichen, tiefblauen Himmel. Es riecht nach Frühling. Ich streife planlos durch die Stadt, um irgendwo dem Leben einen Sinn abzufordern. Ich gebe mich Wachträumen hin und beschwöre Bilder herauf. Doch was bleiben wird, werden Erinnerungen sein, die auch im Nebel der Zeit verblassen werden. Es gibt eine Wahrheit, der wir uns stellen müssen. Alles geht irgendwann zu Ende. Der letzte Tag des Sommers. Das letzte Kapitel eines guten Buches. Die Blätter fallen. Man schließt das Buch. Nimmt Abschied. Die Trennung von engen Freunden. Heute ist einer dieser Tage. Doch es gibt einige Menschen, die so sehr zu uns gehören, dass sie bei uns bleiben werden. Sie sind der Boden unter unseren Füßen, unser Polarstern und die klare Stimme in uns, die uns begleiten wird. Für immer.

Um dem Schicksal ein Schnippchen zu schlagen, werde ich einen anderen Weg nehmen als den, der sich anbietet. „Vielleicht", so denke ich, „wird mein Leben dann einen anderen Verlauf nehmen." Doch wenn dieses Vorhaben auch Vorsehung war? Es kommt vor, dass ich mitten in der Nacht am Fenster stehe und hinausschaue, ob Lovis mit Angelrute und bauchig umgehängter Leinentasche in der Dunkelheit vor dem Haus steht. Bis mir klar wird, dass niemand unten auf mich wartet, um fischen zu gehen.

Am Eingang des Friedhofs führt der Weg unter Bäumen durch ein Labyrinth bemooster Steine, die aus den Gräbern zu wachsen scheinen. Mit jedem Schritt, der mich weiter hineinführt, spüre ich die Kälte, die von diesem Ort ausgeht. Kieselsteine unter meinen

Füßen begleiten mich knirschend entlang von Efeu überwachsenen, pittoresken Grabmählern.
Zwischen Bäumen steht eine Gruppe Menschen um ein offenes Grab. Nur die sinnentleerten Worte des Pfarrers stören die einsame Stille. Die Hände vors Gesicht haltend bricht eine mir unbekannte Frau in Schluchzen aus. Ein korpulenter, älterer Herr hält seinen Hut andächtig mit gesenktem Haupt in Händen.
Lovis ist tot.

Quietschend kommt der Zug an einem der Vorortbahnhöfe zum Stehen. Menschen steigen aus, andere Taschen und Koffer schleppend zu.

Das abrupte, ruckartige Anrollen zwingt die noch in den Gängen Stehenden, sich irgendwo festzuhalten oder an Seitenwänden gelehnt Halt zu finden. Mit dem zur Seite Drücken der Schiebetür betritt ein alter Mann das Abteil. Ein abgetragener, schwarzer Wintermantel umhüllt ihn wie ein schützender Kokon. Ohne mich zu beachten, setzt er sich mir gegenüber ans Fenster.

Dann kramt er ein fettfleckiges Papier aus der Manteltasche und fingert ein Stückchen Brot hervor. Sichernd wie eine Maus steckt er sich kleine, zurecht geklaubte Krumen in seinen zahnlosen Mund. Dann faltet er das Papier fein säuberlich zusammen und lässt es wieder verschwinden. Wir sitzen uns schon geraume Zeit gegenüber, als er mehr vor sich hin, denn zu mir, mit ruhiger Stimme sagt. „Kennen Sie Chopin?" Ohne eine Antwort abzuwarten, sinniert er weiter. „Gott hat ihn die Musik komponieren lassen. Doch dann haben wir sie verloren. Und es wurde ein Tanz ohne Musik, in Gestalt der apokalyptischen Reiter die gnadenlos durch Dörfer und Städte fegten." Dann huscht ihm ein spitzbübisches Lächeln übers Gesicht, als wäre ihm eine Last von der Seele genommen. „Doch wenn Sie genau hinhören, ist sie wieder da. Wissen Sie, wo Worte enden, beginnt die Musik und ohne Musik wäre das Leben nur ein Irrtum."

Versunken in der vorbeiziehenden Landschaft nuschelt er wie ein Gebet: „Für alles, das wir hätten denken müssen und niemals gedacht haben, für alles, was wir hätten sagen müssen und niemals gesagt haben, für alles, was wir hätten tun müssen und niemals getan haben …"

Dann versagt seine Stimme und sein Gesicht versinkt schutzsuchend wieder im Dunkel seines Mantelkragens.

An einem der unzähligen, namenlosen Bahnhöfe macht der Zug Halt. Menschen, die auf dem Bahnsteig gewartet haben, eilen schnell zu den Wagons, steigen die Stufen hinauf und drängen mit ihren Habseligkeiten durch die Gänge auf der Suche nach einem noch freien Platz. Als die Schiebetür ruckartig aufgeschoben wird, erscheint eine junge Frau. Lächelnd, als wollte sie unsere Zustimmung einholen betritt sie das Abteil, legt den mitgebrachten Geigenkasten vorsichtig auf die Ablage über den Sitzen und setzt sich nahe der Schiebetür hin. Kleine in Messing gefasste Lämpchen tauchen das Abteil in ein mystisches Licht. Im Spiegelbild des Fensters beobachte ich, wie sie ein Buch zur Hand nimmt und sich dabei eine Haarsträhne aus dem Gesicht streift. Als sich unsere Blicke treffen, versuche ich mich mit einem Lächeln aus der etwas peinlichen Situation zu retten.

Ruckartig quietschend setzt sich der Zug wieder in Bewegung. Nur wenige Menschen, die noch keinen Platz gefunden haben, stehen in den Gängen. Bauersfrauen mit Taschen und Körben. Rekruten auf Urlaub die sich rauchend, angeregt unterhalten. Ein in Schwarz gekleideter, bärtiger Geistlicher schaut andächtig hinaus in die Nacht, wo weit draußen Gehöfte kurz aufleuchtend ihr Dasein verraten.

Dann wird der Zug langsamer und hält schließlich an. Schon im Gang stehend und bereit zum Aussteigen, dreht die junge Frau sich zu mir: „Ich heiße Anna, passen Sie auf sich auf." Mit geschulterter Tasche und Geigenkasten, den sie wie einen Schatz hütet, verschwindet sie so schnell wie sie erschienen ist zwischen all den Menschen. Nur das Gefühl, die Gelegenheit nicht genutzt zu haben, mit ihr zu sprechen, bleibt zurück. Müde tauche ich wieder ein in einen dösenden Halbschlaf, ohne das Treiben um mich herum wahrzunehmen. Bis mich das ruckartige Anhalten wach rüttelt. Es ist weit nach Mitternacht, als der Zug in einen Sackbahnhof einfährt. Der Platz, wo der Alt saß, ist verlassen. Suchend schaue ich mich nach ihm um. Der bissige, eisige Novemberwind treibt die Menschen vor sich her den Ausgängen zu. Mittendrin sehe ich den Alten gerade noch tief gebückt, mitgezogen vom Fluss der Reisenden, wie er den Ausgängen zu geschleust wird und in der Menge verschwindet. Er ist in seiner Geschichte gefangen, in den Bildern, die wahnwitzig seine Seele verbrannt haben.

Es war ausgemacht, dass ich abgeholt werde, von wem weiß ich nicht. Etwas verloren und hilflos stehe ich mit meinem Koffer inmitten der Bahnhofshalle zwischen all den Menschen, die in alle Richtungen davoneilen. Im dicken Wintermantel und mit tief ins Gesicht gezogener Wollmütze kommt eine kleine, etwas pummelige Frau auf mich zugeeilt. „Sie sind sicher der junge Kunststudent?" Bevor ich antworten kann, sprudelt sie weiter. „Ich bin Frau Marx, ich bin die Reinemachefrau der Akademie. Sie werden bei uns wohnen. Bei mir und meinen Söhnen." Dann greift sie nach meinem Koffer. Ein eisiger Novemberwind wirbelt durch die Straßen. Das Warten auf die Straßenbahn zu dieser späten Stunde und in der bissigen Kälte wird schnell zur Tortur. Also schlage ich vor, ein Taxi zu nehmen. Frau Marx schaut mich ungläubig an. „Können Sie sich das denn leisten?!" Kaum eingestiegen und als Ausländer erkannt, bietet der Fahrer an, Zloty zu wechseln. „Besseres Angebot wie auf Bank", versucht er sich anzupreisen. Doch Frau Marx weist ihn mit ein paar für mich unverständlichen, polnischen Worten und der Bekanntgabe unseres Ziels in seine Schranken: „Jakobovskjego Nr. 10, bitte." Sie scheint vom ersten Augenblick an verantwortlich für mich sein zu wollen. Und genießt es sichtlich, hinten im Auto zu sitzen und durch die Stadt zu fahren. So gut es eben bei diesem Schneegestöber, das durch die Straßen wirbelt, möglich ist, versucht sie mir stolz Sehenswürdigkeiten zu zeigen, die diffus beleuchtet im Dunkel der Nacht an uns vorbeiziehen.

Es ist nach Mitternacht als wir in die Jakobovskjego einbiegen. Die Fenster an den langen Hausfassaden erscheinen als dunkle Raster kühler Anonymität. Gefrorene Wasserpfützen, in denen sich das spärliche Licht der Straßenlaternen gespenstisch spiegelt, verraten die Schlaglöcher der schlecht gewarteten Straße.

Langsam holpert das Taxi entlang der Häuserzeilen auf der Suche nach der Hausnummer. Ausgestiegen sehen wir das Taxi rot blinkend im Schneegestöber auf die Hauptstraße einbiegen und verschwinden. „Kommen Sie schnell ins Haus."

Ihre Gastfreundschaft lässt es nicht zu, sich meinen Koffer abnehmen zu lassen, den sie vor mir hergehend ins Haus trägt. Also steige ich die ausgelatschte Steintreppe hinauf hinter ihr her, immer bereit ihr die Last abzunehmen. Erleichtert erreichen wir die vierte Etage. Im Gang der Wohnung scheint ein schwaches Licht, das an einem Kabel von der Decke hängt. Nur das Nötigste scheint vorhanden zu sein. Das Wohnzimmer wurde hergerichtet als meine Bleibe. Frau Marx legt den Koffer auf das Sofa, das als mein zukünftiges Bett dienen soll.

Schon im Begriff, das Zimmer zu verlassen, fragt sie: „Benötigen Sie noch etwas?", dann schließt sie die Tür hinter sich.

„Frihstick is bereit", flüstert Frau Marx am Morgen kaum hörbar an der Tür stehend.
In der Küche sitzt die ganze Familie. Auch die Großeltern sind gekommen, um mich zu sehen und zu begrüßen. Sie erinnern mich an den Alten im Zug. Die tiefen Abgründe, die auch sie gesehen haben müssen und die trotzdem verborgen bleiben, weil sie nicht aussprechbar sind.
„Vielleicht können sie die Musik jetzt auch wieder hören", kommen mir die Worte des Alten wieder in den Sinn.

Am Nachmittag in der Stadt stehen Menschen in langen Schlangen vor Lebensmittelläden, bis sie an die Reihe kommen, um etwas von dem wenigen, das zu kaufen ist, zu ergattern. „Bleiben Sie nah bei mir und verlassen Sie Ihren Platz nicht", ermahnt mich Frau Marx. Sie schaut sich die Leute genau an, die in unserer Nähe stehen. Dann schubst sie mich leicht an und flüstert. „Der Mann dort, sehen Sie ihn im grauen Mantel und Hut? Das ist einer von ihnen. Solche Leute werden Ihnen hier immer wieder und überall begegnen. Keiner weiß, wer ein Spitzel oder der Bespitzelte ist. Man geht nur raus, wenn man zur Arbeit muss, um etwas einzukaufen oder wenn etwas Wichtiges zu erledigen ist. Man riskiert nichts, traut niemandem". Schrittweise schieben wir uns weiter in den Laden. Auf Holzgestellen entlang der Wände gibt es nur noch wenige Marmeladengläser, ein paar Brote und in Holzkisten etwas Gemüse. Kämpferisch und routiniert drängt sich die kleine Frau durch die Leute, ergattert das letzte Brot und lässt es gut behütetet in ihre Tasche verschwinden. Dann kramt sie etwas Geld hervor und bezahlt.

Zurück auf der Straße ist der Mann verschwunden.

Dann auf einmal witzelt sie. „Dies ist die längste Straße der Stadt.

Wollen Sie wissen, warum? Weil am Ende das Gefängnis ist und manche Leute kehren erst nach Jahren zurück." Dabei huscht ihr ein Lächeln übers Gesicht, das jedoch schnell nachdenkliche und traurige Züge annimmt. Resigniert spricht sie weiter: „Meinen Mann habe ich auf dieser Straße verloren. Es war nicht weit von hier, als sie ihn niedergerungen haben. Wir haben uns versprochen, wenn einer von uns verhaftet wird, dass der andere sich nicht einmischt

oder zu Hilfe eilt. Wir haben ja zwei kleine Kinder. Dann haben sie ihn in ein Auto gezerrt und sind weggefahren.
Sie lassen mich nicht zu ihm. Es ist nun schon ein Jahr her und ich habe noch immer nichts von ihm gehört." Die Tränen in ihren Augen, werden von einem hilflosen Lächeln überspielt. „Jemand soll gesagt haben: ‚In dem Moment, in welchem man sich damit aufhält, darüber nachzudenken, ob etwas Unrecht oder Recht ist, hat man aufgehört, an das Gute zu glauben.'" „Kommen Sie, wir gehen eine Tasse Tee trinken", versuche ich sie zu trösten. Sie ist es nicht gewohnt, in ein Restaurant eingeladen zu werden. Genüsslich nippt sie vorsichtig an der Tasse, um keinen Tropfen zu verschütten.

Am Abend erledige ich einen Botengang. Einen Brief, den ich gebeten wurde, mitzunehmen und persönlich zu überbringen. Auf jeder Etage des alten Reihenhauses suche ich nach dem Namen, den ich am Hauseingang ausgemacht habe. Kaum geläutet, vernehme ich im Innern der Wohnung Schritte. Die Tür wird einen kleinen Spalt geöffnet. Als ich als der erwartete Gast erkannt werde, bittet man mich einzutreten. Frau Paustowsky, eine ältere, elegant gekleidete Frau, empfängt mich freundlich. In der Wohnstube, stehen auf einem kleinen Tischchen zwei Tassen und eine Zuckerdose bereit.

Erwartungsvoll setzt sie sich mir gegenüber in einen Sessel. Als ich ihr den Brief übergebe, nimmt sie ihn wie einen Schatz in Besitz, öffnet das Kuvert fein säuberlich und liest konzentriert das Geschriebene, als müsste sie sich jedes Wort einprägen, damit es ihr niemand mehr nehmen kann. Dazu bewegt sie kaum merklich ihre Lippen. Versunken in der Nachricht scheint sie mich vergessen zu haben. Nach kurzem Innehalten faltet sie das Papier zusammen und steckt es zurück ins Kuvert. Sie steht auf und verstaut ihn in der Schublade der nahen Kommode.

Dann geht sie in die Küche und kommt mit einem Kännchen Tee und etwas Gebäck zurück. Wieder bei mir fragt sie sprunghaft: „Sind Sie gut gereist?" Ich erzähle ihr vom Alten im Zug. Sie hört aufmerksam zu. „Ja, solche Schicksale werden Sie hier in Polen viele finden. Zu oft wurde das Land zerstört. Die Menschen haben immer noch Angst. Sie trauen niemandem, nicht einmal der Zeit, die bekanntlich Wunden heilen soll."

Dann steht sie unerwartet auf, geht durch den Raum zum zimmerhohen Fenster und schiebt den dunkelgrünen Brokatvorhang,

der von der Decke bis zum Boden fällt, vorsichtig einen kleinen Spalt zur Seite.
Gerade so viel, dass sie auf die Straße hinunter spähen kann, ohne selbst entdeckt zu werden. „Kommen Sie, sehen Sie das Auto dort auf der anderen Straßenseite."
Nur das Glühen einer Zigarette verrät, dass jemand am Steuer sitzt. „Ist Ihnen jemand hierher gefolgt?" „Mir ist nichts aufgefallen", gebe ich verwundert zur Antwort „Sie werden beobachtet, seien Sie vorsichtig.
Als ich spät abends das Haus verlasse, ist das Auto verschwunden. Zurück in meinem Zimmer, versuche ich mit dem kleinen Transistorradio, das ich mitgebracht habe, die Frequenz eines Senders von zu Hause zu finden. Doch ein fernes Rausch und Fetzen von Musik lassen mich den Versuch schließlich aufgeben.

Am folgenden Morgen in der Straßenbahn klammere ich mich haltsuchend am Seil fest, das über den Köpfen der Leute durch den Wagon gespannt ist. Natürlich habe ich keine Ahnung, dass dieses Seil beim Ziehen jedes Mal ein Signal zum Schaffner sendet, anzuhalten. Als Sünder entlarvt wandert meine Hand, begleitet von einem verlegenen Lächeln, hilfesuchend zur senkrecht vor mir stehenden Stange.

Mit einem Ruck geht es weiter und ich bin schnell wieder in der Bedeutungslosigkeit verschwunden.

Eine im Krieg zerstörte und wiederaufgebaute Fabrik dient heute als Akademie. In den Gängen riecht es merkwürdig nach abgestandener Luft und Putzmittel.

Als ich sein Büro betrete, schaut ein kleiner Mann versteckt hinter einem Berg Bücher und Stapeln von Dokumenten über seine Lesebrille zu mir auf. „Ah, ich habe Sie schon erwartet, ich bin der Direktor der Akademie." Zwischen den von Nikotin gelb verfärbten Zeige- und Mittelfinger steckt eine halb heruntergepaffte Zigarette. Lange, graue Haarsträhnen sind wie eine Fahne über seinen Schädel gezogen. Die um den Hals locker geknotete, orangegestreifte Krawatte hebt sich komplementär vom Blau des Hemdes ab.

Nach der Unordnung in seinem Büro zu schließen, werden hier bestenfalls Unterlagen aus dem Fundus der Akademie verwaltet und hin- und hergeschoben.

„Wir sind dabei, uns neu zu organisieren", keucht er hinter einer Wolke blauen Dunstes hervor. Auf dem Pult liegen auf einem Stapel Papier Fotos meiner Arbeiten, die ich für das Stipendium eingereicht habe.

Ohne aufzuschauen, lässt er die Fotos durch seine Finger wandern.

„Und? Was möchten Sie studieren?", fragt er, ohne mich eines Blickes zu würdigen. „Malen, Plastik, Druckgrafik", gebe ich selbstbewusst zur Antwort.

Am folgenden Tag suche ich in den endlosen Gängen das Atelier, in das ich bestellt wurde. Mitten im Raum sitzt eine junge Frau wie eine griechische Göttin.

Sie lässt mich das Zeichnen vergessen und vor mich hinträumen. Bis der Professor mit ein paar schmissig hingeworfenen Strichen meinem Wachtraum ein Ende bereitet. „Vergessen Sie nicht! Kritik oder abgelehnt zu werden ist nicht Versagen. Aufgeben ist Versagen. Die Kunst sucht Sie und nicht Sie die Kunst." Dabei verrät sein Schmunzeln die Gefühle, die er vor langer Zeit als junger Kunststudent auch gehabt haben muss.

Es dämmert bereits, als ich die Akademie verlasse. Im dichten Nebel sehe ich die Straßenbahn gerade noch davonfahren.
Also mache ich mich zu Fuß auf den Rückweg. Es ist Nacht, als ich mit dem Schlüssel, den mir Frau Marx ausgehändigt hat, die Tür zum Haus in der Jakobovskjego aufschließe. Ein Luftzug streicht mir übers Gesicht, als ich das Haus betrete. An losen Kabeln hängende Glühbirnen verraten auf jeder Etage das bröckelnde Mauerwerk und die aus den Fugen gebrochenen, luftdurchlässigen Fenster. Frau Marx sitzt am Tisch in der Küche. Sie scheint auf mich zu warten.
„Sie hatten Besuch", sagt sie aufgeregt. „Zwei Männer waren hier und haben Ihre Sachen

durchsucht. Sie wollten wissen, wo Sie gestern Abend waren. Wo waren Sie, dass diese Leute wissen wollen, was Sie tun?" „Ich war eingeladen bei einer Frau, deren Tochter ausgewandert ist."

„Aus Polen wandert man nicht aus", gibt sie belehrend zur Antwort.

Nach diesem Vorkommnis habe ich das beklemmende Gefühl, beobachtet zu werden. Wo ich auch hingehe sehe ich Leute, die mich zu verfolgen scheinen. Ich fürchte überall Spitzel.

Wenn ich glaube einen entdeckt zu haben, wechsele ich schnell die Straßenseite. Bleibe vor Schaufenstern stehen und versuche, im Spiegelbild der Straße Verfolger zu entlarven. Wenn ich glaube, einen entdeckt zu haben, ist dieser so schnell verschwunden wie verdächtigt.

Ich versuche mir Gesichter einzuprägen. Gehe schneller, um den Schritt abrupt wieder zu verlangsamen und herauszufinden, ob sich jemand aus der Menge auffällig meinem Rhythmus durch die Straßen zu gehen anpasst. Bis einer mir auffällt, der, wenn ich mich umdrehe, interessiert etwas anderes anzuschauen vorgibt. Doch auch das ist nur ein Verdacht, der sich im Nichts meiner Fantasie auflöst.

Dann entdecke ich auf der anderen Seite der Straße eine Frau nahe der Hausmauer eilig entlanggehen. Das Gesicht tief in einem Schal verborgen. Ich erkenne sie und renne ihr zwischen hupenden und bremsenden Autos nach. Eingeholt und angesprochen dreht sie sich schnell zu mir, ohne das im Schal verborgene Gesicht zu zeigen. „Frau Paustowsky –"
„Gehen Sie, gehen Sie weiter, ich werde beobachtet, gehen Sie." Dann springt sie an der nahen Haltestelle in einen Bus, der sich ohne Rücksicht in den Verkehr einfädelt und verschwindet.

Tage später im Treppenhaus des elend aussehenden, Ruß geschwärzten Hauses, das bei Tag sein wahres Gesicht des Verfalls zeigt, kniet eine alte Frau auf den ausgelatschten Stufen. Ihre Schuhe passen zu den fleischfarbenen, bis an die Knie hinuntergerollten Strümpfe. Mit einem nassen Lappen versucht sie, die Treppe sauber zu wischen. Als ich mich an ihr vorbeidränge, hält sie kurz inne und schaut forschend zu mir auf. Als sie mich wiederkennt, zieht sie sich am Geländer hoch. „Sie waren doch vor einigen Tagen bei ihr zu Besuch!? Wenn Sie Frau Paustowsky suchen, die ist nicht zu Hause."
„Wissen Sie, wo sie ist?" Sie schaut mich misstrauisch an. Ihr schlechter Atem lässt mich ein wenig auf Distanz gehen.
„Sehen Sie, ich stecke meine Nase ja nirgends rein, was mich nichts angeht." Sie riecht eklig

nach saurem Schweiß und muffigen Kleidern. Dann macht sie eine vertrauliche Miene, während sie sich argwöhnisch umschaut und wieder meine Nähe sucht.

„In diesem Haus erfährt man ja letztlich alles. Vor einigen Tagen ist ein unheimlicher Kerl hier aufgetaucht". Geschwätzig plappert sie weiter und schaut sich dabei sichernd um. „Es war einer dieser Leute, die nur nachts kommen, wenn sie jemanden abholen. Mir muss man ja nichts erzählen. Ich habe es ja geahnt."

„Was geahnt?", frage ich, nun zum Verbündeten geworden. „Dass es einmal so weit kommt."

„Was so weit kommt?", versuche ich sie weiter am Tratschen zu halten.

Mit vertraulicher Miene plaudert sie weiter, sich immer wieder vorsichtig umschauend. „Dass diese Leute hier auftauchen." „Wissen Sie, wo sie hingebracht wurde?" „Nein, doch für viele gibt es keine Rückkehr. Sie verschwinden einfach und man hört nichts mehr von ihnen."

„Lebt Frau Paustowsky allein in dieser Wohnung?" „Der einzige Kontakt, den sie hatte, ist zu einer jungen Frau, die zu Besuch gekommen ist." „Wissen Sie, wer die junge Frau ist?", frage ich nun auch im tratschenden Ton. „Man munkelt, es ist ihre Tochter."
Der schlechte Atem und die muffigen Kleider der Alten drängen mich wieder zurück. Wir scheinen an einem toten Punkt angekommen zu sein. Ich fürchte, das Interesse der Pförtnerin könnte schwinden.
„Lebt noch jemand bei ihr in der Wohnung?"
„Ich habe sonst niemanden gesehen."
„Glauben Sie, es wäre möglich, einen Blick in die Wohnung zu werfen?
Vielleicht finden wir etwas, das uns einen Hinweis gibt, was mit Frau Paustowsky geschehen ist und wo sie hingebracht wurde."
Jetzt nahm sie die brennende Lunte wieder auf. „Das können wir nicht tun." Sie spielt auf einmal die Rechtschaffene. Ich lächele sie verschmitzt an. „Sie haben doch einen

Schlüssel?! Wir schauen nur schnell nach und sind gleich wieder weg."

Die Macht der Neugier hat wieder das Zepter übernommen. Mit einem spitzbübischen Lächeln schaut sie mich an. „Sie sind ein Filou." Dann zieht sie einen Schlüsselbund aus ihrer Schürzentasche.

Vorsichtig drehe ich den ausgewählten Schlüssel im Türschloss und stoße die Türe leise auf. Einen Augenblick bleiben wir an der Schwelle zur Wohnung stehen, bis sich die Augen an das diffuse, dunkle Licht im Innern gewöhnt haben.

„Wenn es Ihnen recht ist, gehe ich vor." Im Spiegel über der Garderobe sehe ich die Alte dicht hinter mir, begierig etwas zu entdecken, was Stoff für ihre Tratscherei liefern könnte. Einen Augenblick befallen mich Skrupel, dass ich wie ein Dieb in die Wohnung eindringe. Doch der ungewisse Verbleib von Frau Paustowsky schiebt diesen Gedanken bei Seite und treibt mich weiter hinein. Am Ende des langen Gangs, durch den wir uns weiter in die Wohnung schleichen, drücke ich mit zitternden Fingern eine Türe leicht auf.

Alles erinnert mich an den Film, dem ich entflohen bin. Als sich die Türe weiter öffnet, spüre ich etwas Weiches um meine Beine streichen. Erschrocken weiche ich zurück. Dann zwängt sich eine Katze schnurrend durch den Spalt und schmiegt sich an mich. Nur das grelle Licht der Scheinwerfer vorbeifahrender Autos, das die Häuserfronten entlangwandert und an den Fenstern vorbeizieht, erhellt flüchtig den Raum.

Erst jetzt im aufflackernden Licht sehe ich an einer Wand ein Klavier stehen. Es scheint, als hätte gerade noch jemand darauf gespielt. Leise ferne Musik lässt mich innehalten.

Doch dann holt mich die Alte, die im ovalen Spiegel über dem Klavier hinter mir steht, zurück. Gierig äugt sie, um etwas zu entdecken, was ihrer Neugier Futter gibt. Auf einem Tischchen in der Mitte des Raums liegt ein vom vielen Anschauen abgegriffenes Fotoalbum. Ein milchiges, durchsichtiges Papier schützt die Aufnahmen.

Vorsichtig lege ich eine schützende Seite um.

Ein Mädchen steht vor einem Haus.

Bei genauerem Hinsehen erkenne ich, dass es das Haus ist, in dem wir uns gerade befinden.

„Vorhin haben Sie gesagt, dass Frau Paustowsky oft Besuch von einer jungen Frau hat."

„Ist das die junge Frau?" Die Alte zögert, dann nickt sie bestätigend. „Ja, das ist Anna, die Tochter von Frau Paustowsky."

„Gefunden, was Sie suchen?", ermahnt die Alte, ungeduldig hier möglichst schnell wieder zu verschwinden. Die schnurrende Katze weicht mir nicht von der Seite, wohl in der Hoffnung etwas Aufmerksamkeit oder etwas Fressbares zu bekommen. Beim Verlassen der Wohnung werfe ich noch einen verstohlenen Blick durch die offenstehende Tür zur Küche. Hinter einem milchig geätzten Fenster mit Blick auf den Innenhof streiten Tauben wild gurrend und flatternd auf dem vorstehenden Sims um den besten Brutplatz.

„Alles gesehen?", insistiert die Alte nochmals.

Auf dem Weg zur Straßenbahn bemerke ich, dass ein Auto im Schritttempo hinter mir herfährt und keine Anstalten macht, mich zu überholen.

Meine Schritte werden schneller. Ich beginne zu laufen. Dann geht alles ganz schnell. Das Auto stoppt neben mir und zwei Männer springen heraus, packen mich brutal an den Armen und zwingen mich unsanft auf den Rücksitz.

Eingekeilt zwischen ihnen wage ich nicht, mich zur Wehr zu setzen.

Mit grob gemeißelten Gesichtszügen und Lippen, die wie eine klaffende Narbe durch sein Gesicht gezogen sind, hält mich der eine fest im Griff. Der andere mit dem Körper eines Ringers und Schultern eines Gladiators tastet über meine Jacke. Fest im Griff, aus dem es kein Entkommen gibt, schlägt mir seine Alkoholfahne ins Gesicht.

Er findet mein Portemonnaie und den Reisepass. Wehrend versuche ich mich aus der Umklammerung zu befreien, was zur Folge hat, dass ich noch tiefer in den Sitz gezwungen werde. Mehr um Hilfe rufend, denn als Frage, krächze ich nach Luft ringend: „Was wollen Sie von mir?" Etwas lässt die Umklammerung nach, als der eine beginnt, mich zu verhören:

„Was wollten Sie bei Frau Paustowsky?" Dabei wird sein schraubstockartiger Griff wieder brutaler und schmerzhafter.

„Nichts!", würge ich nach Luft ringend hervor. „Ich habe sie nur besucht." „Woher haben Sie die Adresse? Was wollten Sie dort?" Der Griff lockert sich wieder ein wenig. Nach Luft ringend würge ich keuchend: „Besuchen." „Versuchen Sie nicht, sich um Dinge zu kümmern und sich mit Mächten anzulegen, von denen Sie nicht die leiseste

Ahnung haben und wissen, wie gefährlich das für Sie sein kann."

In einer Seitenstraße hält das Auto unvermittelt an. Als sie mich unsanft aus dem Auto schubsen, sagt der eine noch: „Sie sind doch hier, um an der Akademie zu studieren! Halten Sie sich daran." Dann verliert sich das Auto im Verkehr.

Am Morgen erzähle ich Frau Marx von dem Vorfall. „Gehen Sie sofort zum Direktor der Akademie und berichten Sie ihm, was passiert ist. Seien Sie vorsichtig, diese Leute sind wie farbloses Gift. Man sieht sie nicht und doch sind sie da. Sie tragen Masken und sind jederzeit bereit, diese abzunehmen und die Fratze der Gewalt, des Terrors und Todes zu zeigen." Während sie das sagt, schaut sie mich sorgenvoll an. „Seien Sie vorsichtig, das ist alles kein Spiel. Da sind gewaltige Interessen und Mächte mit im Spiel."

Mit der nicht wegzudenkenden Zigarette im Mund scheint der Direktor mich zu erwarten. Aufgeregt erzähle ich das Geschehene. Aufmerksam hört er zu, lehnt sich in seinem Stuhl zurück und hüllt sich in eine Wolke blauen Dunstes. „Sie werden observiert", dabei lehnt er sich vor, um seinen Worten noch mehr Ausdruck zu verleihen, „als Sie bei Frau Paustowsky zu Besuch waren, hat sie Ihnen doch das Auto gezeigt, das vor dem Haus stand." Verwundert über sein Wissen schaue ich ihn verblüfft an.

„Von dem Zeitpunkt an, als Sie mit dem Brief im Gepäck die Grenze überschritten, wurden Sie von uns begleitet.

Das höchst geheime Schreiben musste zu uns ins Land gebracht werden, über dessen Inhalt ich ihnen nur so viel sagen kann: Mauern werden eingerissen werden und die Menschen werden ihre langersehnte Freiheit bekommen. Alles hing an einem seidenen Faden."

Ungläubig starre ich ihn an. „Die junge Frau im Zug mit dem Geigenkasten war Anna, die Tochter von Frau Paustowsky. Auch Frau Marx, die Sie am Bahnhof abgeholt hat, gehört zu uns. Ja, und auch ich war in Ihrer Nähe."

Dann flüstert er durch die Dunstwolke, die zwischen uns schwebt: „Für alles, das wir hätten denken müssen und niemals gedacht haben, für alles ...

Es gab keine Alternative, als einen Brief ins Land zu bringen, sonst wäre alles aufgeflogen. Die Schwierigkeit bestand darin, wie ein geheimes, hochbrisantes Schreiben aus dem Vatikan hinter den eisernen Vorhang gebracht werden sollte. Nachdem Sie ein Kunststipendium erhalten haben und sich über das zuständige Departement für einen Studienaufenthalt im Ausland bewarben, waren Sie unser Kandidat. Also wurden Sie ausgewählt. Über die Botschaften wurde alles organisiert. Als Austauschstudent waren Sie so neutral wie eine unbemalte Leinwand. Wir mussten diese nur noch bemalen. Pro Forma wurden Sie zuerst für einen Studienaufenthalt in Oslo, Norwegen, vorgeschlagen.
Es wurde vereinbart, dass Sie abgelehnt werden. Also konnten wir Ihnen nun als Alternative einen Studienort in Polen vorschlagen.

Es wurde vereinbart, Sie in dem Glauben zu lassen, einen privaten Brief von der Tochter, die in ihr Land emigriert ist, an die Mutter zu überbringen.

In Wirklichkeit dienten Sie uns als Kurier, um ein hochbrisantes, verschlüsseltes Dokument ins Land zu bringen. Mit der Übergabe des Briefes war Ihre Aufgabe erfüllt."

„Was ist denn so wichtig an diesem Brief?" Doch als ich die Worte ausspreche, wird mir gleich die Absurdität meiner Frage bewusst.

„Fragen Sie nicht weiter, je weniger Sie wissen, umso weniger werden Sie sagen können, wenn Sie verhaftet würden. Sie haben ja schon Erfahrung mit der Staatssicherheit gemacht. Frau Marx wird Sie morgen zum Bahnhof bringen. Vertrauen Sie ihr, sie ist eine gute Frau."

„Aber was soll ich für einen Grund angeben, wenn ich gefragt werde, warum ich den Studienaufenthalt so abrupt abgebrochen habe?"

„Die eingeweihten Stellen wissen Bescheid.

Für die anderen erfinden Sie eine Geschichte. Sagen Sie aus persönlichen Gründen. Sie hätten es sich anders vorgestellt. Das werden sie akzeptieren müssen." Beim Hinausgehen schaut der Direktor kurz auf. „Frau Paustowsky lässt Sie grüßen und wünscht Ihnen eine gute Heimreise."

Mitten in der Nacht werde ich an der Schulter berührt. Über mich gebeugt flüstert Frau Marx: „Wachen Sie auf, Sie haben Besuch." Verwirrt schieße ich hoch. „Kommen Sie herein", fordert sie die im Dunkel des Gangs wartende Person auf einzutreten. „Entschuldigen Sie, dass ich Sie zu dieser späten Stunde aufsuche, aber ich sah keine andere Möglichkeit." Dann erkenne ich Frau Paustowsky im Halbdunkel des Zimmers. Nicht realisierend was gerade geschieht, setze ich mich auf. „Frau Paustowsky, wo waren Sie? Ich habe Sie gesucht und warum sind Sie weggelaufen, als wir uns auf der Straße begegnet sind?" „Als Sie nach Ihrem Besuch gegangen sind, kamen die Leute, die im Auto vor dem Haus gewartet haben, zurück und haben mich abgeholt. Nach tagelangem Verhör haben sie mich ohne Begründung wieder frei gelassen.

Heute Nachmittag wurde auch der Direktor der Akademie abgeholt. Verlassen Sie so schnell wie möglich das Land und kehren Sie nach Hause zurück."

Am frühen Morgen begleitet mich Frau Marx zum Bahnhof. Sie hilft mir noch den Koffer ins Abteil zu tragen. Dann verabschiedet sie sich mit einer herzlichen Umarmung. „Passen Sie auf sich auf und vergessen Sie uns nicht." Mit demselben Ausdruck im Gesicht, den sie hatte, als sie mir von ihrem Mann erzählte, wischt sie sich mit dem Ärmel ihres dicken Wintermantels Tränen aus den Augen. Dann ein Lächeln, mit dem sie versucht, ihre Traurigkeit zu überspielen. Nach endlosem Warten setzt der Zug sich langsam in Bewegung und fährt hinaus aus dem Bahnhof. Frau Marx, die geduldig unter meinem Fenster gestanden hat, winkt mir mit einem traurigen Lächeln nach. Im Wissen, dass wir uns nie wieder sehen werden.

Der Zug schiebt sich hinaus durch spärlich bewohnte Industriequartiere. Ein aus Stahl konstruiertes Skelett überbrückt ein tief unten dahinfließendes Wasser.

Die aufgehende Sonne verzaubert den Fluss in ein glitzerndes Band ohne Anfang und Ende. Ein kaum vernehmbares Klavierspiel lässt mich alles um mich herum Vergessen. Bis ein feines Berühren an der Schulter mich aus meinen Tagträumen in die Realität des Abteils zurück holt.

„Frau Paustowsky?!" Schützend verbirgt sie mit einem Schal ihr Gesicht und setzt sich mir gegenüber ans Fenster.

„Ich werde mit Ihnen kommen. Wenn ich kontrolliert und mitgenommen werde, kennen Sie mich nicht", sagt sie eindringlich. Nach Stunden Fahrt durch weite sich abwechselte Landschaften und unbenannte Dörfer, tauchen am Horizont Hügel auf. Der Zug rollt nun im Schritttempo dahin, als unter dem Fenster Männer in grauen Anzügen zwischen parkierten Autos offensichtlich auf das Anhalten des Zuges warten. Als dieser zum Stehen kommt, springen sie auf und öffnen von außen die Wagontüren. Augenblicke später wird die Schiebetür zu unserem Abteil mit einem Ruck aufgerissen. „Fahrkarten und Ausweispapiere!", befiehlt einer der Männer. Der fordernde Ton lässt mich schnell meinen Reisepass, die Fahrkarte und die Dokumente der Botschaft aus der Tasche ziehen und dem Beamten aushändigen. Er scheint genau zu wissen, wonach er sucht.

Dann stoppt lautes Schreien die Kontrolle. Schnell gibt er die Papiere ungeordnet zurück und eilt aus dem Abteil. Laute Hilfeschreie zwingen uns still und unbeweglich zu verharren.

Nach kurzer Zeit der Ungewissheit sehen wir, wie ein junger Mann von den Männern brutal festgehalten wird. Mit seinen Armen auf dem Rücken gefesselt und seinem Kopf nach unten gedrückt wird er unter unserem

Fenster abgeführt. Sein Wille Widerstand zu leisten ist gebrochen. Dann wird er zu einem Auto gezerrt und auf den Rücksitz gezwungen. Wir sehen nur noch, wie das Auto davonrast. Als ich Frau Paustowsky anschaue, sagt sie ganz rational, sodass mir der Atem stockt: „Er ist einer von uns und ist zu meinem und Ihrem Schutz abgestellt worden. Er hat sich bewusst verhaften lassen, um uns vor einem Zugriff zu schützen." Mit einem Schlag wird mir die Wichtigkeit und Kälte der Frau bewusst, die vor mir sitzt. Nach kurzer Zeit setzt sich der Zug wieder in Bewegung.

Der Himmel ist eingetaucht in dunkles Blutrot, das sich bald im Dunkel der nahen Nacht auflösen wird.

Im Abteil gehen die kleinen, in Messing gefassten Lichter über den Sitzen an. Nach Stunden rüttelt uns das Rangieren und Hin- und Herschieben der Wagons aus dem Schlaf. Dunkle Schatten von Männern mit Taschenlampen tänzeln unter den Wagons umher. Wir müssen nahe der Grenze sein. Nach langem Warten betritt geschäftig ein Zollbeamter in Uniform das Abteil und fordert uns auf, ihm zu folgen.

Ein Tisch, drei Stühle und ein verschlossener Schrank. Auf dem Tisch vor uns eine graue Tischlampe. Dann geht die Tür auf und ein in Zivil gekleideter Beamter betritt mit Papieren in den Händen den Raum und setzt sich uns gegenüber an den Tisch. Er blättert gespielt interessiert durch die Unterlagen. Dann schiebt er unsere Dokumente abgestempelt zu uns. „Sie scheinen gute Beziehungen zu haben. Wieso haben Sie Ihren Studienaufenthalt so frühzeitig abgebrochen?" Ich erinnere mich an die Worte des Direktors: „Erfinden Sie eine Geschichte." „Aus persönlichen Gründen, ich habe es mir anders vorgestellt." Im Wissen, dass ich nicht die Wahrheit sage, geht er zur Tür und hält sie für uns auf.

Durch eine Seitenstraße führt mich der Weg entlang einer hohen Mauer, die mehr an eine Festung als den Hort Gottes auf Erden erinnert, zum Eingang der Schweizergarde. Auf monumental aufragenden Säulen tänzeln Tauben nervös gurrend auf den Kapitellen. Im schwarzen Anzug, mit korrektem Haarschnitt, weißem Hemd und vorschriftsmäßig gebundener Krawatte werde ich an der streng bewachten Eingangspforte von einem jungen Mann empfangen. Auf Anhieb erkannt, begrüßt er mich freundlich. Gardisten in traditionellen Uniformen stehen breitbeinig mit gekreuzten Hellebarden im Durchgang.

„Entschuldigen Sie, aber es geht leider nicht ohne straffe Eingangskontrollen." An den Wachen vorbei, betreten wir durch das große, schmiedeeiserne Tor den Innenhof. Wir scheinen in eine andere Welt eingetaucht zu sein. Die Hektik, das geschäftige Treiben und der Lärm des Verkehrs sind verschwunden. Weit oben über den Zinnen sieht man nur ein kleines, blaues Rechteck, das den Blick in den Nachmittagshimmel gerade noch zeigt. Auch hier im Innenhof sind überall junge Burschen in Zivil, andere in traditionellen Gewändern.

„Natürlich leisten wir unseren Dienst, wir sind nicht nur ein Relikt von Traditionen aus längst vergangenen Zeiten. Die wirkliche Arbeit wird wie in jeden anderen Staat diskret und im Verborgenen erledigt."

Breite Steintreppen führen in den Palast. Wir gehen durch Räume, durchschreiten endlos scheinende Gänge, wo sich monumentale Fresken, Wandteppiche, Marmortorsi römischer Kaiser und griechischer Götter abwechseln. Wir gehen entlang gläserner Vitrinen, in denen über Jahrhunderte zusammengetragene Schätze aufbewahrt werden. Wir durchschreiten nach Rosa, Grün und Ocker benannte Säle, in denen Epochen der Kunst- und Kulturgeschichte abwechseln. Zwischen raumhohen Fenstern stehen in Stein gehauene Büsten von Päpsten, deren Antlitze ihre Macht veranschaulichen.

Gardisten halten stoisch Wache vor verschlossenen Türen, die der Öffentlichkeit nicht zugänglich sind.

„Ich habe meine eigene Methode, durch ein Museum zu gehen." „Und die wäre?", fragt der Gardist interessiert. „Ich gehe durch Räume wie durch eine Stadt. Ich bin immer in Bewegung, um die Eindrücke auf mich wirken zu lassen. Bleibe stehen und schaue mir, was mich fesselt, genauer an."

Dann lässt das Bildnis eines elegant gekleideten jungen Mannes uns innehalten.

Gedankenverloren hält er einen bereits gelesen Brief in der Hand. Vor ihm auf dem Tisch steht ein Tintenfass mit Federkiel. Im Hintergrund der Szene eröffnet ein Fenster den Blick in eine weite Landschaft, die sich in sanftem Sfumato in der Ferne auflöst.

„Das Bild ist wunderschön, es unterscheidet sich von allen anderen. Keine biblische Szene, wie zu erwarten wäre. Keine Heiligenfiguren in manieristischen Posen."

„Manche Bilder können auch zur Meditation dienen, dann erscheint das über Stunden am selben Ort verharrende Wachestehen nicht so einsam und anstrengend." „Dann sind Sie auch an Kunst interessiert?" „Zwangsläufig, wenn man den ganzen Tag damit konfrontiert ist. Beim Betrachten dieses Bildes frage ich mich, was wohl auf dem Brief geschrieben steht, dass der junge Mann sich dem Text so verträumt hingibt?" Mir wird klar, warum mich gerade dieses Bild so fasziniert und in seinen Bann zieht. Der geheimnisvolle Brief, den der junge Mann in Händen hält und wie einen Schatz hütet.

Es war der Brief, den ich Frau Paustowsky überbracht habe. Der Brief, der für mich so geheimnisvoll ist und dessen Inhalt ich nie erfahren werde.

Wir gehen über Treppen und Galerien, an zahllosen Sälen vorbei, teils mit offenstehenden Türen, die nur einen schnellen, verstohlenen Blick ins Innere erlauben. Alles ist ein Hort herrschaftlicher Symbole und sichtbarer Zeichen von Reichtum, Macht und hoher gesellschaftlicher Stellung.

Eine raumhohe, pompöse Holztüre stoppt unser Weiterkommen. Die goldene Türklinke auf Augenhöhe macht dem Eintretenden von Anfang an seine niedere Bedeutung bewusst. Der mit Marmorplatten ausgelegte Boden erinnert an das „Himmel und Hölle"-Hüpfspiel der Kinder. Wobei Steine mit dem Fuß von Feld zu Feld geschupst werden, bis man das Himmelsfeld erreicht hat. Auch hier sind Fresken und Lüster, die fern der realen Welt im Überfluss von Wänden und der Decke prahlen. Der junge Mann bittet mich, auf einem der Stühle entlang der Wand Platz zu nehmen. Er selbst bleibt bei der Türe stehen, die Hände eingeübt vor sich gefaltet.

Nach einiger Zeit des Wartens betritt ein Priester den Saal. Mit freundlichen Worten der Begrüßung kommt er mit ausgestreckten Armen auf mich zu. Ein goldenes, filigran gearbeitetes Kreuz um den Hals hebt sich auffällig vom Schwarz der Sutane ab.

„Ich begrüße Sie im Namen seiner Heiligkeit." Dabei umfasst er meine Hände.

„Wie ist es Ihnen ergangen? Ich hoffe, Sie haben alles was Sie benötigen, gefällt Ihnen unsere Stadt, haben Sie sich schon ein wenig umschauen können?" Die ganze Szene wirkt einstudiert und schon viele Male zelebriert.

Ohne meine Antwort abzuwarten, spricht er weiter: „Leider ist es seiner Heiligkeit aus terminlichen Gründen nicht möglich, Sie persönlich zu empfangen. Doch er lässt Sie wissen, dass Sie uns einen unschätzbaren Dienst erwiesen haben."

Dann wendet er sich bedächtigen Schrittes der Tür zu, durch die wir den Saal betreten haben. „Wenn Sie etwas Besonderes sehen, die Vatikanischen Museen oder unsere schönen Gärten besuchen möchten, dann können wir Ihnen sehr gerne eine persönliche Führung anbieten.

Oder vielleicht möchten Sie am Abendmahl unserer Gardisten teilnehmen?" Dann legt er mir fast väterlich, mit freundschaftlicher Geste die Hand auf meine Schulter. „Ach ja, Frau Paustowsky lässt Sie grüßen." Dabei schaut er den jungen Gardisten flüchtig, aber bestimmt an, als wollte er mich wieder in seine Obhut übergeben.

„Nun wünschen wir Ihnen noch einen schönen Aufenthalt hier in Rom."

Als ich die kleine Kapelle betrete, sitzen bereits in den vorderen Reihen in Zivil, schwarz gekleidete Gardesoldaten.

Ich scheine in einer mir fremden Wirklichkeit zu sein, die nur wenigen vorbehalten ist. Kaum hingesetzt betritt durch eine kleine Seitentür ein Ministrant die Kapelle, vor sich hin- und herschwingend das Weihrauchgefäß. Gefolgt von einem Priester in vollem Ornat. Wie es schon über Jahrhunderte unverändert zelebriert wird. Ihr Erscheinen und der intensive Duft des Weihrauchs taucht den Raum in eine feierliche, sakrale Stimmung. Nach der in Lateinisch gehaltenen Liturgie tritt der Priester vor seine Gemeinde, wo die jungen Gardisten das Abendmahl empfangen. Mit den Worten „Der Leib Christi" wird jedem Gardisten eine Hostie auf die Zunge gelegt. Nach der Zeremonie schwingt der Priester das Weihrauchgefäß über den Altar. Danach verabschiedet er jeden einzelnen mit Namen und ein paar persönlichen Worten.

Als er mich entdeckt, kommt er mit ausgestreckten Händen auf mich zu und begrüßt mich herzlich. „Hat man Ihnen etwas zeigen können aus den Schätzen des Vatikans?" Ich bin etwas verwundert über seine Frage, doch er erklärt sofort: „Ich weiß vom geplanten Treffen mit seiner Heiligkeit.

Doch leider ist es seiner Heiligkeit aus zeitlichen Gründen nicht immer möglich, für die gewünschten, bedeutungsschweren Dienste persönlich zu danken."

Dann kommt er schmunzelnd näher zu mir heran. „Manchmal ist dieser Weihrauch einfach zu viel des Guten und man kriegt Kopfschmerzen davon." „Haben Sie die Stadt anschauen können, es gibt viel zu entdecken", plaudert er weiter. „All die Ausgrabungen, aber auch der Trödelmarkt entlang des Tiber ist sehr schön und lädt zum Verweilen ein.

Und mit etwas Glück, findet man oft erstaunliche Raritäten. Wie ich gehört habe, finden Sie Gefallen an solchen Dingen." Bevor ich erstaunt über sein Wissen etwas fragen kann, sagt er schmunzelnd: „Wissen Sie, wir leben in einem kleinen Staat und man erfährt in diesen Mauern letztlich fast alles."

Dann verabschiedet er sich und verlässt gefolgt vom Ministranten durch die Seitentür die kleine Kapelle.

Entlang ausgedehnter Kieswege, die den Park in ein riesiges Labyrinth verwandeln, stutzen Gärtner wildwüchsige Pflanzen wieder zu ansehnlich gezähmten Hecken. Versteckt zwischen all dem Grün stehen versteckt Marmortorsi. Kleine Emailschilder mit Jahreszahlen und Namen erinnern an die längst im Dunst der Zeit verloren gegangenen Protagonisten, die ihre Spuren in der Geschichte hinterlassen haben.

Mitten im Park, unter Bäumen versteckt, taucht eine alte Villa auf, heute ein Restaurant. Durch den einladenden Gang mit wandhohen Spiegeln führt der Weg hinaus auf die Terrasse, von wo sich ein atemberaubender Ausblick über die Stadt auftut. Als die junge Kellnerin dann Cappuccino serviert, sehe ich, wie die Tür zum Abteil des Zuges aufgeht und Anna mit dem Geigenkasten erscheint.

Ein Déjà-vu, ein flüchtiger Moment der Erinnerung.

Auf der langen, ausgelatschten Steintreppe hinunter in die Stadt lasse ich mich, ohne ein bestimmtes Ziel vor Augen zu haben, treiben. Es hat etwas Verlockendes von mehreren möglichen Wegen verführt zu werden. Durch schmale Straßen schlendernd, in denen sich Autos kaum hätten kreuzen können, entscheide ich mich dem Vorschlag des Priesters Folge zu leisten und den Weg zum Fluss einzuschlagen.

Die Uferpromenade mit ihren knorrigen, alten Bäumen ist wie geschaffen, um in die Welt der Trödler einzutauchen.

Vergriffene Romane, die im besten Fall als Stützkeile wackeliger Tische geeignet sind. Alte Kunst- und Nachschlagewerke, Kalender, Reklameplakate und Postkarten aus längst vergangenen Zeiten. Kaum etwas, was nicht zum Innehalten und Schmökern verführt. Ohne etwas Bestimmtes im Sinn zu haben und auch nicht mit der Absicht etwas zu kaufen, gebe ich mich da und dort interessiert, lasse jedoch den Blick, ohne zu verweilen, flüchtig über die Auslagen wandern, um die Aufmerksamkeit der Händler nicht zu erwecken.

Bis auf einem voll bepackten Tisch ein Buch mein Interesse weckt. „Kann ich Ihnen behilflich sein?" Ein hagerer, alter Mann steht unverhofft neben mir. Er schien mich schon die ganze Zeit beobachtet zu haben. Sein kantiges Gesicht, aus dem eine Hakennase hervorsticht, verleiht ihm das Aussehen eines Raubvogels.

Mit starrem Blick aus stahlblauen Augen durchbohrt er mich wie eine willkommene Beute. Dann schaut er über eine kleine Lesebrille, die auf seiner Nase thront, zuerst auf das Buch, das ich immer noch in den Händen halte, und dann zu mir.

„Es ist ein spezielles Buch. Doch es sind nur dürftige Angaben darin zu finden, die etwas hergeben und mit denen man etwas anfangen könnte." Auch das Durchblättern bis zum nicht vorhandenen Impressum, das etwas über den Verfasser und den Inhalt aussagen könnte, verläuft im Nichts.

Es ist nichts zu finden, was mich hätte aufklären können, das Buch schweigt. Doch dann, an einer zufällig aufgeschlagenen Stelle entdecke ich bei genauerem Hinsehen, dass eine Seite fehlt. Sie wurde gezielt ausgewählt und sorgfältig herausgeschnitten. Und plötzlich bin ich der Gefangene meiner Entdeckung. Und für ihn nur ein weiteres Kaninchen, dem er das Fell über die Ohren ziehen kann. Ich weiß, dass Schwarz-Weiß-Illustrationen in Büchern aufwendig manuell koloriert wurden, um, wenn dann einmal herausgeschnitten, als gerahmte Unikate verkauft zu werden.

Mit einer ausladenden, theatralischen Geste nimmt mir der Händler das Buch aus der Hand, blättert darin bis zu der Stelle, wo die Seite fehlt und sagt selbstgefällig, als wüsste er nichts von der Beschädigung: „Sehen Sie, es ist ein sauberer Schnitt. Die Seite ist chirurgisch, rasiermesserscharf unter Zuhilfenahme eines Lineals herausoperiert worden. Und wenn Sie genau hinsehen, ist die Schnittstelle auch etwas nachgedunkelt, was bedeutet, dass diese Untat gezielt und schon vor einiger Zeit begangen wurde."

Der Alte ist ein durchtriebener Bouquinist, immer bereit einen möglichen Käufer bei der Stange zu halten, um ihn dann noch gezielter übers Ohr zu hauen. Er glaubt, mich wie einen kleinen, zappelnden Fisch am Haken zu haben und mich nur noch an Land ziehen zu müssen. „Von mir wurde weder etwas herausgeschnitten noch manipuliert." Verwundert, dass ich seiner gespielten Ehrlichkeit misstraue, beteuert er mit eindringlichen Worten: „Das Buch ist aus der Liquidation einer alten Villa." Ich blättere durch die Seiten und schaue mir die Bindung genau an. „Sehen Sie sich die Heftung genau an. Die Seite wurde zu sauber herausgetrennt." Er nahm eine Lupe zur Hand und betrachtete die Schnittstelle nochmals durch das Glas genauer.

„Der Schnitt ist zu dicht an der Bindung. Die Haftung hätte sich gelöst und der Buchrücken wäre dabei zerstört worden und die Blätter lose herausgefallen. Man muss handwerklich sehr geschickt sein, um eine Seite so gekonnt herausschneiden zu können." „Also ist es nur eine Täuschung und es gibt keine fehlende Seite?"

„Ja, ich denke es war nie eine da!", insistiert der Alte.

Dann lässt er plötzlich vom Buch ab, als wolle er mein ernsthaftes Interesse nur an diesem einen Buch ausloten.

„Ich kann Ihnen auch noch andere Bücher zeigen, die Sie sicherlich auch interessieren." Er nimmt einige Bücher vom Tisch und hält sie mir zur Begutachtung hin.

„Es gibt immer Bücher, bekannte und solche, die man noch nicht gelesen hat, in denen Geschichten erzählt werden, die ihre Geheimnisse nicht preisgeben." Sein Eifer wird jedoch durch mein Interesse an nur diesem einen Buch zunichte gemacht. „Geben Sie sich keine Mühe, mich interessiert nur dieses Buch." Der Alte legt die offerierten Bände wieder zur Seite. Er hat sein Ziel erreicht. Er nimmt mir das Buch wieder aus der Hand, sieht es nochmals an, wendet und betrachtet es von allen Seiten prüfend.

Alle Blätter bis zur herausgeschnittenen Seite prüft er, um dann mit einem unverschämten Preis herauszurücken und sagt dabei spöttisch, ein Gefühl von Überlegenheit zur Schau tragend: „Wegen der vermeintlich fehlenden Seite komme ich Ihnen mit dem Preis entgegen."

Mit dem erstandenen Buch in der Tasche strande ich schließlich in einer von der Nachmittagssonne erbeuteten Oase mitten in der Stadt. Tauben fliegen im dichten Schwarm zwischen den Häusern, umkreisen im kühnen Flug den Campo und fallen mitten auf dem gekiesten Platz ein, wo sie aufgeregt gurrend und tänzelnd nach hingeworfenen Brotkrumen picken. Von überall gut sichtbar thront ein Schutzheiliger auf einer Säule hoch über einem Brunnen. Eine breite, ausladende Treppe führt hinauf zur alles überragenden Kirche. Beim Eintreten durch eine seitlich zum Hauptportal geöffnete Pforte müssen sich die Augen zuerst an das diffuse Licht im Innern gewöhnen. Wandhohe, filigran gearbeitete Glasfenster werden von Sonnenstrahlen durchflutet und werfen ihre ganze Farbenpracht in abstrakten Mustern über den glänzend schimmernden Marmorboden. Leise Musik lockt mich weiter hinein. Eingetaucht in die mystische Aura, die alles Profane verbannt, schiebe oder besser zwänge ich mich in eine der vorderen Holzbänke. Die Quelle der Musik ist ein Transistorradio hoch oben auf einem Gerüst. „Wenn Sie genau hinhören, ist sie wieder da", erinnere ich mich.

Verborgen hinter einem breit aufgespannten Plastikvorhang restaurieren schemenhafte Gestalten ein Fresko, auf dem sich über die Jahre Schmutz abgesetzt hat. In weißen Kitteln zaubern sie mit Pinseln und Spachteln die alte Pracht der Bildnisse wieder hervor. Durch die hin und her schwingende Seitentür strahlt mystisch die Sonne ins Innere der Kirche und lässt den Eingang wie eine Pforte des Lichts erscheinen.

Schemenhaft erscheint eine Gruppe dunkel gekleideter Menschen. Die kleine Wallfahrt pilgert an mir vorbei, einander an Händen und Armen berührend, um sich zu trösten und sich Mut zu machen. Vor einem der Seitenaltäre bleiben sie andächtig stehen und entzünden kleine Kerzen.

Die Frauen bekreuzigen sich mit einem Kniefall und schauen dabei andächtig ins kleine, flackernde Licht und bekreuzigen sich abermals.

Schutzheilige verharren seit Menschengedenken kaum sichtbar in Nischen der Seitenschiffe, als würden sie das Geschehen beobachten und dabei auf Erlösung warten. In einer nahen Bankreihe kniet ins Gebet versunken eine alte, ebenfalls schwarz gekleidete Frau. Wie lange betet sie wohl, um erhört zu werden? Als sie sich erhebt, lächelt sie mir einer Begrüßung gleich zu. Sie bekreuzigt sich im Gang stehend, dem Altar zugewandt, und verlässt demütig die Kirche.

Auf dem Campo, der sich in strahlendem Sonnenlicht zeigt, scheint sie mich beim Heraustreten zu erwarten.

Ohne auf meine abweisende Reaktion Rücksicht zu nehmen, ergreift sie meine Hand. „Ich werde Ihnen aus der Hand lesen!" Etwas perplex und überrascht über ihre Kühnheit lasse ich sie gewähren. Als sie mit den Fingern über meine Handfläche tastet, fühle ich, wie eine Wärme in meine Hand strömt. Zuerst verhalten, dann sicherer nuschelt sie über das Ertastete vor sich hin. „Sie haben einen Brief mit sich getragen und überbracht, ohne zu wissen was darinstand."

Verblüfft wage ich nicht, die Hand wegzuziehen. „Auch sehe ich einen jungen Mann in einem Bild, der ein Papier, nein, einen Brief in Händen hält." Dabei schaut sie mir in die Augen. „Und ein Buch", deutet sie konzentriert weiter. Instinktiv taste ich mit der noch freien Hand nach der Tasche, die über meiner Schulter hängt und in der das Buch verbogen ist. „Eine bestimmte Seite in diesem Buch gibt Ihnen Rätsel auf. Das Foto einer jungen Frau spielt dabei eine wichtige Rolle." Es läuft mir eiskalt über den Rücken. Mein Kopf schwirrt. Ich fühle mich verwundbar. Unverhofft lässt sie ab von meiner Hand, als hätte sie etwas gesehen, was sie nicht auszusprechen wagt. Dann flüstert sie kaum verständlich: „Passen Sie auf sich auf, dies alles ist kein Spiel. Was geschrieben steht, steht geschrieben." Dabei schaut sie mich betroffen an. Hexenhaft verschwindet sie inmitten der aufgeschreckt, aufflatterten Tauben, die sich schnell wieder zu einem Schwarm formieren und wieder mitten auf dem Campo einfallen, um stolz gurrend nach Fressbarem zu tänzeln.

Das Treiben auf dem Campo nimmt nun eine andere Dramaturgie an. Die Marktstände sind abgebaut worden. Die spielenden Kinder in den umliegenden Häusern verschwunden. Nur wenige Anwohner sitzen noch auf den Bänken rund um den Platz und schwatzen angeregt. Immer unter Zuhilfenahme der Hände, um dem Gesagten mit theatralischen Gesten noch mehr Ausdruck zu verleihen. Dann erscheint wie aus dem Nichts eine dunkle Wolke über den Dächern. Das summende Geräusch abertausender kleiner Flügel erfüllt die Luft, als der Vogelschwarm über die Stadt hinweg fliegt.

Einer Choreografie folgend, die nur sie kennen, verändern die kleinen Vögel im kühnen Flug immer wieder blitzschnell die Richtung und malen wellenförmige, sich wechselnde, faszinierende Bilder in den rosa gefärbten

Abendhimmel. Es ist ein Tanz ohne Musik. Ein sich tausendfach wiederholendes Auf und Ab, dem sich niemand entziehen kann. Und plötzlich, wie auf ein Zeichen hin, fallen die kleinen Maler in den Bäumen entlang des Tiber ein und das Schauspiel ist so schnell verschwunden, wie es am Abendhimmel aufgetaucht ist. Ein letzter Schimmer geschmolzenen Goldes liegt jetzt auf den Dächern und der Klang der Kirchenglocken verstummt mit den letzten Schlägen. In versteckte Hinterhöfe leuchten noch geheimnisvoll die letzten Sonnenstrahlen. Bedrohlich kriechen lange Schatten durch die Straßen und an den Fassaden empor. Der Himmel versinkt in einem mystischen Blau und der Abendwind streicht durch die schmalen Gassen hinaus auf den Campo, wo er in einem Couloir gefangen an den Häusern empor steigt, um sich über der Stadt zu verflüchtigen.

Dann verschwinden auch die letzten Menschen in den Häusern.

Aus offenen Fenstern plärrt Musik und der Geruch von Essen erfüllt die Gassen.

Wie das Segel an einer Takelage hängen Wäschestücke an Seilen zwischen Häusern und plustern sich auf im Abendwind, der durch die Gassen streift. Man wird in ein anderes Leben gelockt. Es riecht nach Braten, Pasta und dem unverwechselbaren Geruch von Gewürzen und kleinen süßen Zwiebeln, die in Olivenöl schmoren. Gerne hätte ich in die Töpfe und Pfannen geschaut und mit einem kleinen Löffel die Sugos gekostet. Von den verführerischen Düften getrieben, strande ich irgendwo in einem Restaurant, das sich wie eine kleine Insel im Meer der Köstlichkeiten verborgen hält.

Am Morgen liegt eine Nachricht an der Rezeption. „Können wir uns heute Nachmittag treffen? – Anna." Ein Restaurant und die Zeit sind ebenfalls notiert.

Wieder überkommt mich das Gefühl beobachtet zu werden und ich schaue mich instinktiv um. Auch die Concierge weiß nicht, wann die Nachricht überbracht wurde.

Also verbringe ich den Morgen in einer Bibliothek, um mehr über das ominöse Buch herauszufinden. Etwas, was mich seinem Geheimnis näherbringen kann. Die Menge an Literatur erscheint mir wie eine Drohkulisse. Sachbücher, Romane, Dokumentationen, Literaturzeitschriften, Gazetten; alles bietet sich an, gelesen zu werden und schreit förmlich: „Lies mich! Lies mich!"

Das Ganze versenkt mich in einer unüberschaubaren Unzahl neuer Probleme, die einschüchternd aus den Regalen auf mich herunter schreien: „Lies mich! Lies mich!" Etwas herauszufiltern, scheint wie ein lächerliches Unterfangen und von Anfang an zum Scheitern verurteilt.

Schon der Anblick der Menge an Wissen demoralisiert mich. Ich fühle mich wie ein Betrunkener, der versucht ein einzelnes Tier in einer galoppierenden Zebraherde zu fixieren.

Es ist das ganze Maß meiner Unwissenheit, das mich verhöhnt. Alles erscheint so wirr, der Ort, die Zeit, sogar die Menschen, denen ich begegne.

Oder existiert dies alles nur in meiner Fantasie? Wie kann ich es wissen? Was beweist mir, ob nicht alles nur eine weitere Inszenierung meiner Vorstellung ist? Und ich mich, wenn ich aufwache, in einer realen Welt wiederfinden werde. Auch das Buch in der Tasche verhöhnt mich mit Schweigen. Einen Moment lang bereue ich, es gekauft zu haben.

Und doch erscheint es mir wie eine Vision, der ich folgen muss.

Ich überquere Straßen, laufe waghalsig zwischen Autos hindurch und flüchte vor Motorrollern. Ich komme vorbei an einer Ausgrabung, in der tief unten herrenlose Katzen zwischen Säulen, zerbrochenen Torsi und Scherben eine Bleibe gefunden haben. Auf warmen Steinen räkeln sie sich in der Sonne und scheinen schon immer da gewesen zu sein. Jede meiner Bewegungen wird von dutzenden, geschlitzten Augen beobachtet und verfolgt. Das leiseste Geräusch und alle Sinne der Tiere sind geschärft. Sie scheinen etwas zu wissen, zu ahnen, was mir immer im Verborgenen bleiben wird.

Als ich das Restaurant betrete, sehe ich Anna etwas abseits des Geschehens an einem Tisch sitzen. Als sie mich bemerkt, winkt sie mir zu.

Kaum habe ich mich hingesetzt und die Tasche über die Stuhllehne gehängt, fragt sie schon: „Haben Sie das Buch dabei?" „Woher wissen Sie vom Buch?" „Es wurde Ihnen zugespielt. Haben Sie es dabei, können Sie es mir zeigen?", sagt sie nun fordernd. Zögerlich nehme ich das Buch aus der Tasche. Anna schaut zuerst mich, dann das Buch an und blättert darin.

Das Foto von ihr fällt dabei heraus. Verwundert schaut sie es an. „Wo haben Sie das Foto her?" Verlegen versuche ich mich zu erklären. „Nach unserer kurzen Begegnung im Zug hoffte ich, Sie wiederzusehen. Als ich nach Ihrer Mutter gesucht habe und in der

Wohnung im Fotoalbum im Wohnzimmer das Foto von Ihnen entdeckte, nahm ich es heimlich an mich." Mich kurz musternd wendet sie sich wieder konzentriert dem Buch zu.
„Es muss ein Hinweis darin zu finden sein."
„Vielleicht hat die fehlende Seite mit dem zu tun, was Sie suchen?"
Sie blättert das Buch sorgfältig durch bis zur Stelle der fehlenden Seite.
„Sehen Sie, die 13. Seite wurde herausgeschnitten und heute ist der 13."
Plötzlich unterbricht aufgebrachtes Johlen und Protestieren unser Gespräch.
Ein Nachrichtensprecher unterbricht das im Fernseher übertragene Fußballspiel.

Dann: „Heute Nachmittag, am 13. Mai, kurz nach fünf Uhr nachmittags, hat sich Papst Johannes Paul II in einem offenen Jeep zur wöchentlichen Generalaudienz auf den Petersplatz begeben, um die zigtausend Gläubigen dort zu grüßen und zu segnen. Wie jeden Mittwoch fuhr der Geländewagen mit dem Pontifex entlang der abgeschrankten Wege über den Platz, durch das Meer aus Pilgern, als um 17:13 Uhr plötzlich Schüsse fielen."

Der Kellner lässt alles stehen und liegen, eilt zum Fernseher und dreht den Ton lauter. Mit einem Mal herrscht betroffene Stille. Niemand wagt mehr, etwas zu sagen.

Wie paralysiert starren alle zum Bildschirm, wo Sicherheitsleute auf das Papstmobil springen und andere platzschaffend durch die panische Menschenmenge nebenher rennen.

Anna schießt auf, greift ihre Tasche und den Geigenkasten und eilt zum Ausgang.

Schon in der Türe stehend, dreht sie sich noch schnell zu mir um und verschwindet in der geschockten Menschenmenge.

Alles scheint so surreal. Habe ich das nicht schon alles erlebt? Als Anna damals mit geschulterter Tasche und Geigenkasten im Gang des Zuges stand, sich noch einmal zu mir umdrehte, um dann wie jetzt zu verschwinden. Gefangen in Geschichten, die in Briefen, Büchern und Bildern stattfinden, habe ich nur noch einen Gedanken: „Ich muss weg von hier!"

Entlang heruntergekommener Fabriken und Wohnhäuser fährt der Zug langsam aus der ewigen Stadt und verliert sich in den Weiten der Campagna.

Durch das heruntergeschobene Fenster streicht mir ein kühler Wind übers Gesicht, während die Stadt verklärt in einem vibrierenden Licht verschwindet.

Beim Überqueren der Brücke vom Festland in die Lagunenstadt tut sich das weite Meer vor mir auf. Alles Mitgebrachte, was noch Bedeutung zu haben schien, verliert sich in den endlosen Weiten der Lagune.

Geleitet von Palästen die ihr Dasein außerhalb der Zeit fristen und nur noch theatralische Staffage eines gloriosen, dekadenten Augenzwinkerns der Geschichte sind, tanzen Möwen im Wind schreiend über dem Boot.

Ich werde hunderte kleiner Brücken überqueren und das unüberschaubare Labyrinth der Lagunenstadt erkunden. Ich werde aufhören nach Antworten zu suchen, wo keine sind. Niemand wird mehr wissen, wie meine Wege verlaufen und wem ich begegnet bin. Ich werde mich von den Gedanken lösen, die mich gefangen haben und dem Hier und Jetzt ein Schnippchen schlagen.
Ich werde durch den Markt schlendern, wo es nach Meerwasser, frischem Fisch und Meeresfrüchten riecht. Wo seit Generationen Menschen und Familien in ihren Geschichten fortleben. Ich werde an Früchten riechen und dem Charme der Paläste erliegen, durch die engen Gassen streifen und der Gegenwart trotzen. Ich werde in der Abenddämmerung den Fischern zusehen, wie sie in kleinen Booten hinaus in die Lagune tuckern, wo sie ihre Netze und Reusen auslegen.
Nur die alten Männer wissen von den fängigen Stellen und hüten diese wie einen Schatz.

Um sie dann als wertvolles Erbe, wie sie es schon von ihren Vätern bekamen, an die Söhne weiterzugeben.

Möwen sind ihre ständigen Begleiter und kreisen schreiend über ihnen, um kühn ins Wasser zu stürzen und kreischend um hinausgeworfene Happen zu streiten.

Bei Tagesanbruch kehren die Männer dann mit ihrem Fang zurück. Marktfrauen beim Rialto nehmen die Fische vor Ort aus und preisen sie lauthals als fangfrische Spezialitäten an.

Im Herbst, wenn tausende Zugvögel über die Lagunen nach Süden ziehen, machen sie auf einer der vorgelagerten Inseln erschöpft und hungrig Rast. In längs der Schilfgürtel aufgespannten Netzen werden sie gefangen. Besonders farbenprächtige Sänger werden in kleinen Käfigen gehalten, um mit ihrem Gesang die Menschen zu erfreuen.

Um die Mittagszeit setze ich mit dem Vaporetto über den Canale Grande zum Palazzo Venier dei Leoni.

Das Boot legt nahe dem Museum am Steg an. Geschäftig verlieren sich Menschen in den Gassen. Andere sind mit mir auf dem Weg zum Palazzo. Fasziniert und gefangen von der Aura, die von diesem Ort ausgeht, lasse ich die Klassiker der Moderne auf mich wirken. Manche der Kunstwerke sind wie ein Smalltalk. Andere fesseln und ziehen mich in ihren Bann. In einem der Räume fesselt mich ein mannshohes Bild. Eine endlose Straße zwischen Häuserfronten. In einem unbeobachteten Moment des allseits präsenten Wachpersonals steige ich ins Gemälde hinein, eile die Straße hinunter und verschwinde um die nächste Hausecke. Mit einem Schmunzeln und dem Gefühl, der Realität für einen Augenblick entwischt zu sein, sitze ich wieder im Vaporetto, das mich zurück über den Canale Grande zur Anlegestelle beim Rialto schippert.

Einer Einladung folgend, treffe ich mich am frühen Morgen mit den Fischern am Steg. Vorbei an alten Fabriken und Glasbläserwerkstätten geht es hinaus. Vorbei am mit Ziegelsteinen ummauerten Friedhof San Michele. Die mystische verwunschene Stimmung dieses Ortes beschwört die Bilder der Toteninsel von Böcklin herauf. Der Himmel ist bedeckt und trübe verhangen. Das Schlagen einer Kirchenglocke wird von einer fernen Nachbarinsel übers Wasser getragen, als wollte es die aufbrausenden Wellen im Zaum halten und beruhigend glätten.

Ein schwarz lackiertes Boot legt gerade am Steg an. Zwei Männer heben einen mit Blumen und Kränzen geschmückten Sarg auf eine bereitstehende Schubkarre. Gemächlich pflügt unser Boot weiter hinaus. Vorbei an Inseln und Sandbänken in Richtung Burano. Als wir zwischen den Inseln immer weiter im offenen Wasser sind, ziehe ich das verwunschene Buch aus der Tasche und lasse es, im Bewusstsein Anna nie wieder zu sehen, ins Wasser gleiten, wo es in den Tiefen der Lagune versinkt.

Den Kräften des Meeres ausgesetzt wird der Wind stärker. Ich schlage den Kragen der Jacke hoch und knöpfe sie oben zu.
Wenn es nur nicht zu regnen beginnt. Heute sollte es nicht regnen. Um uns zu schützen, ziehen wir die Kapuzen über und versuchen, der immer stärker aufbrausenden Gischt zu trotzen. Das Boot liegt tief im Wasser und steigt aus den Wellen immer wieder auf, als müsste es Luft holen, um wieder Fahrt aufzunehmen.
Im Vorbeifahren hinüber nach Torcallo ist der Kampanile gerade noch im regnerischen Dunst zu erkennen.
Als wir weit genug draußen vor Anker liegen, werfen die Fischer die Netze aus und

platzieren die Reusen. Dann tuckern wir weiter zu seichteren Stellen, um mit langen Angelruten und bewährten Ködern zu fischen. Nicht lange und der hinausgeworfene Zapfen, der eben noch auf den Wellen tanzte, verschwindet mit einem Ruck in der Tiefe. Mir kommt Lovis in den Sinn. Wie gerne wäre er sicherlich auch hier gewesen. Unter gut gemeinten Anweisungen ziehe ich einen wild kämpfenden Fisch an die Wasseroberfläche. Einer der Fischer kommt mir zu Hilfe und hievt den Zappler mit einem Kescher ins Boot.

Als Glockengeläut von einer nahen Insel über das Wasser hallt, taucht in transzendenter Schönheit, wie ein Phönix aus der Asche von Turner gemalt, die Sonne über der Lagune auf. Auf Sandbänken, die wie Schutzwälle den Gezeiten trotzen, schnattern Enten im Schilf und gründeln nach etwas Fressbarem. Nur das rhythmische Rattern und Schlagen des alten Diesels stört die Magie dieses Augenblicks.

Den Canale Grande meidend tuckern wir durch das Labyrinth der Kanäle unter Brücken hindurch zurück.

Einer der Fischer wirft die Leine über den Holzpfahl, von dem wir am frühen Morgen das Boot ins Wasser gleiten ließen.

„Man soll das Glück nicht zweimal aufsuchen", sagt eine alte Weisheit.

„Beim zweiten Mal stellt es sich dumm und zeigt einem seine Fratze."
Wie angekündigt, reise ich am folgenden Morgen ab.

Der Autor

F. A. Fruet lebt in Zürich. Er arbeitete als Grafiker und erhielt das Eidgenössische Kunst- und das Polnische Regierungsstipendium der Hochschule für Plastische Kunst in Poznan. Fruet verfasste schon Kindergeschichten, Drehbücher wie „Michi und Chrigi" oder den Erzählband „Die Grabräuber" beim Novum-Verlag.
Nun überzeugt er mit seinem neuesten Werk, das mit surrealem Stil für Abwechslung sorgt.

novum VERLAG FÜR NEUAUTOREN

Der Verlag

„Wer aufhört besser zu werden, hat aufgehört gut zu sein!

Basierend auf diesem Motto ist es dem novum Verlag ein Anliegen, neue Manuskripte aufzuspüren, zu veröffentlichen und deren Autoren langfristig zu fördern. Mittlerweile gilt der 1997 gegründete und mehrfach prämierte Verlag als Spezialist für Neuautoren in Deutschland, Österreich und der Schweiz.

Für jedes neue Manuskript wird innerhalb weniger Wochen eine kostenfreie, unverbindliche Lektorats-Prüfung erstellt.

Weitere Informationen zum Verlag und seinen Büchern finden Sie im Internet unter:

www.novumverlag.com